D1754928

rudolf weiß · beziehungen

für anni

rudolf weiß · beziehungen

mit holzdrucken von johannes pumhösl

rundblick-verlag · bisamberg

3. Auflage 1999

Copyright © 1989 by Rundblick-Verlag, Richard Vogel KG, Bisamberg

Alle Rechte der Verbreitung, auch durch Film, Funk und Fernsehen, durch öffentlichen Vortrag, fotomechanische Wiedergabe, Tonträger jeder Art, auszugsweisen Nachdruck oder Einspeicherung und Rückgewinnung in Datenverarbeitungsanlagen aller Art, sind vorbehalten.

Gesetzt aus der France der Corel-Corporation

Die Holzdrucke stammen von Mag. art. Johannes Pumhösl
Satz: Vogel Medien GmbH, Bisamberg
Druck: Theiss-Druck, Wolfsberg

Printed in Austria

ISBN 3-900809-05-4

kein wunder

er warf ein auge
auf sie
das andere
hatte sie ihm
schon vorher verdreht

kein wunder
daß er blind war
vor liebe

parkbankgeschichte

sein herz
schlug für sie
zwei geschlagene stunden
lang

dann schlug sie ihm
auf die finger
und er sich
die sache
aus dem kopf

mißverständnis

sie –
liebst du mich?

er –
ja
ich putze mir
nur noch
vorher
die zähne

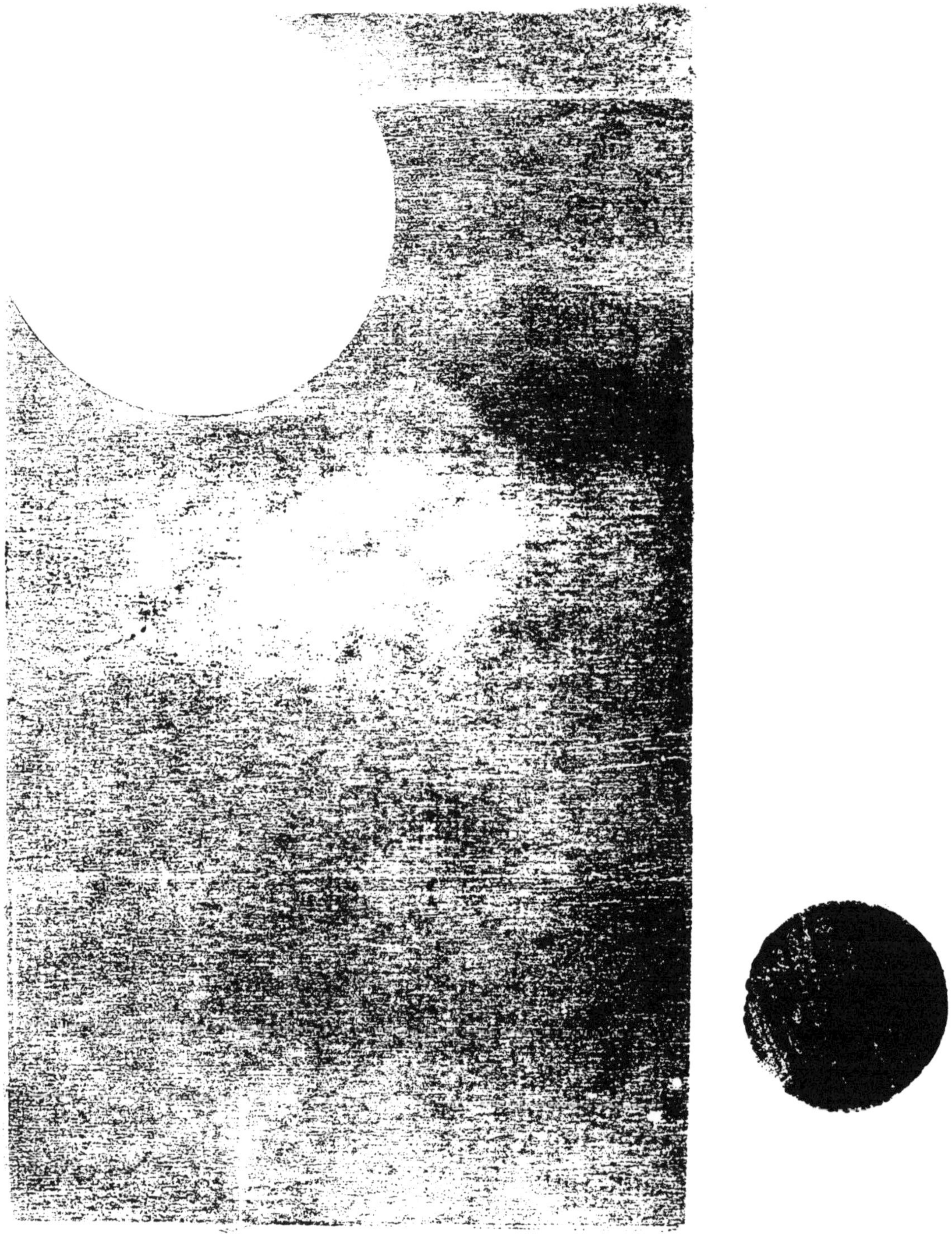

über den wolken

beim schäferstündchen
schwebte sie über
den wolken
doch während sie
noch schäfchenwolken sah

war sein interesse
eine staubwolke zu werden

kleine bemerkung angesichts
der scheidungsrate

wenn zwei heiraten –
es wäre besser
es wäre wirklich
hoch-zeit
und nicht
höchste zeit

problem

sie meint
sie könne in ihm
lesen
wie in einem buch

und er –
er lügt
wie gedruckt

noch einmal

er wollte werden
wie sie
weil er
sich selbst
nicht aushielt

sie wollte werden
wie er
weil sie ihr selbst
nicht akzeptieren konnte

als sie dann
einander umarmten
hatte sich jeder
noch einmal
am hals

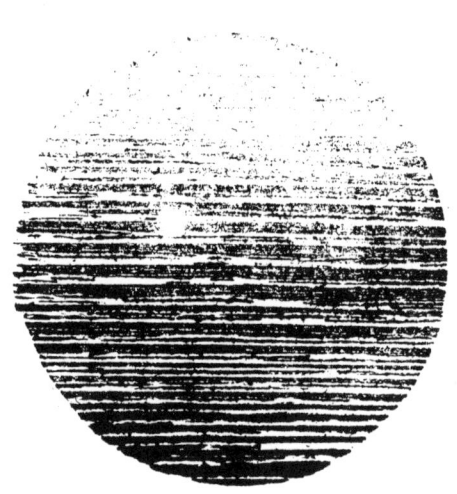

trauung

ich liebe mich
sagte er
ich mich auch
sagte sie

da trauten sie sich

frag-würdig

immer
wenn er
ihr
eine klebt

fragt sie sich
warum sie ihm
auf den leim
gegangen ist

diagnose

die ehe lief
wie geschmiert

er schmierte
sie lief

vom wollen und können
(ein beziehungsdrama in zehn akten)

1. akt
er will
sie will nicht

2. akt
er will daß sie öfter will
sie will nicht daß er immer will

3. akt
er sagt
er will gar nicht immer
sie sagt dazu lieber nichts

4. akt
er sagt
er will eigentlich gar nicht
wenn sie nicht wirklich will
sie will wirklich nicht

5. akt
er will auch nicht
daß sie vorgibt zu wollen
wenn sie nicht will
sie will nicht immer nicht wollen

6. akt
er will noch immer
sie verspricht wollen zu wollen

7. akt
er will nicht
daß sie wollen will
sondern daß sie einfach auch will
sie sagt
sie kann nicht auf befehl wollen

8. akt
er sagt
er gibt keine befehle
sie sagt
sie kennt sich überhaupt nicht mehr aus
ob sie jetzt wollen kann
oder können will
oder sonst etwas

9. akt
er jedenfalls kann immer
sie aber will keinesfalls immer

10. akt
wenn sie sich nicht bald einigen
sperrt der minigolfplatz zu

ohne worte

am anfang
hatten sie
ihre körper
und kamen aus
ohne worte

am ende
hatten sie
ihre körper satt
und kamen um
ohne worte

die liebe

die liebe
reguliert
mit frühstück um sieben
und nachtmahl um sechs

einmal die woche
die weißfleckige dosis
aus ihm heraus
in sie hinein

als
rostschutzmittel

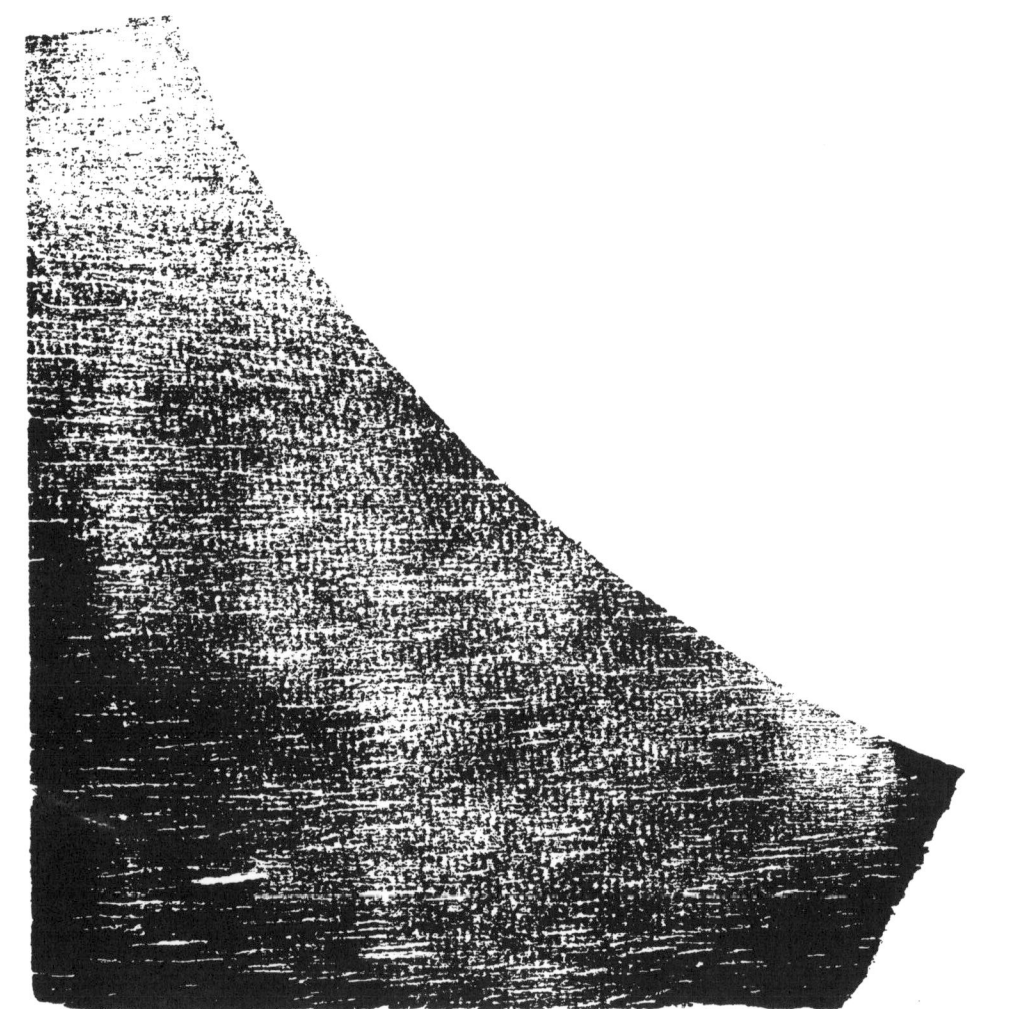

die liebe (II)

geboren in einer
schwachen stunde nach einem discobesuch
gelitten unter schlägen
und anderen ehe-verfehlungen
wie es so schön heißt
gekreuzigt durch eine andere
über die alle anderen
längst schon bescheid wußten
gestorben
und seziert
vom scheidungsrichter

niemals begraben
und nie wieder auferstanden

entfernung

als sie vom urlaub
zurückkamen
der alles retten hätte sollen
sahen sie die post durch

karten aus
thailand norwegen
und portugal für ihn
eine karte aus wullersdorf
und ein brief aus maustrenk
für sie

da wußten sie plötzlich
wie weit entfernt sie waren
voneinander

stilles glück trautes heim

man hat es zu etwas gebracht
das videosystem
ist auf dem neuesten stand
und die tennisstunden sind gebucht
die kinder sind artig
und grüßen brav
manchmal am sonntag
hilft er beim erdäpfel schälen
stilles glück trautes heim

ganz still wird es –
das glück

verlang-samen

I
er wollte es ihr
noch flüstern
– ins ohr
daß er
kein kind mehr will

aber
es ging ins auge

II
nimm mich . . .
hauchte sie
weiter kam sie nicht mehr

. . . zur frau
hätte sie noch
sagen wollen

wörterbuchüberprüfung

es gibt den haupt-mann
und die neben-frau
doch die hauptfrau gibt es nicht
es gibt den sauber-mann
und die putz-frau
es gibt die haus-frau
und das frauen-zimmer
doch der haus-mann
kommt nur
in der hausmannskost vor
fach-frauen sucht „man"
vergeblich
und wenn einmal eine frau
ihren mann steht
dann ist sie wohl
ein „mann"equin

wendepunkt

eines morgens
als sie sich mit vierzig
in den
ataflüssigglänzenden fliesen
wie in einem spiegel sah

da wußte sie plötzlich
wie leicht
eine lebensaufgabe
zu einer
lebens-auf-gabe wird

reise-zeit

wir haben keine
hochzeitsreise
gemacht

wir sind noch
unterwegs

auf unserer reise
durch die hochs
und tiefs
unserer zeit

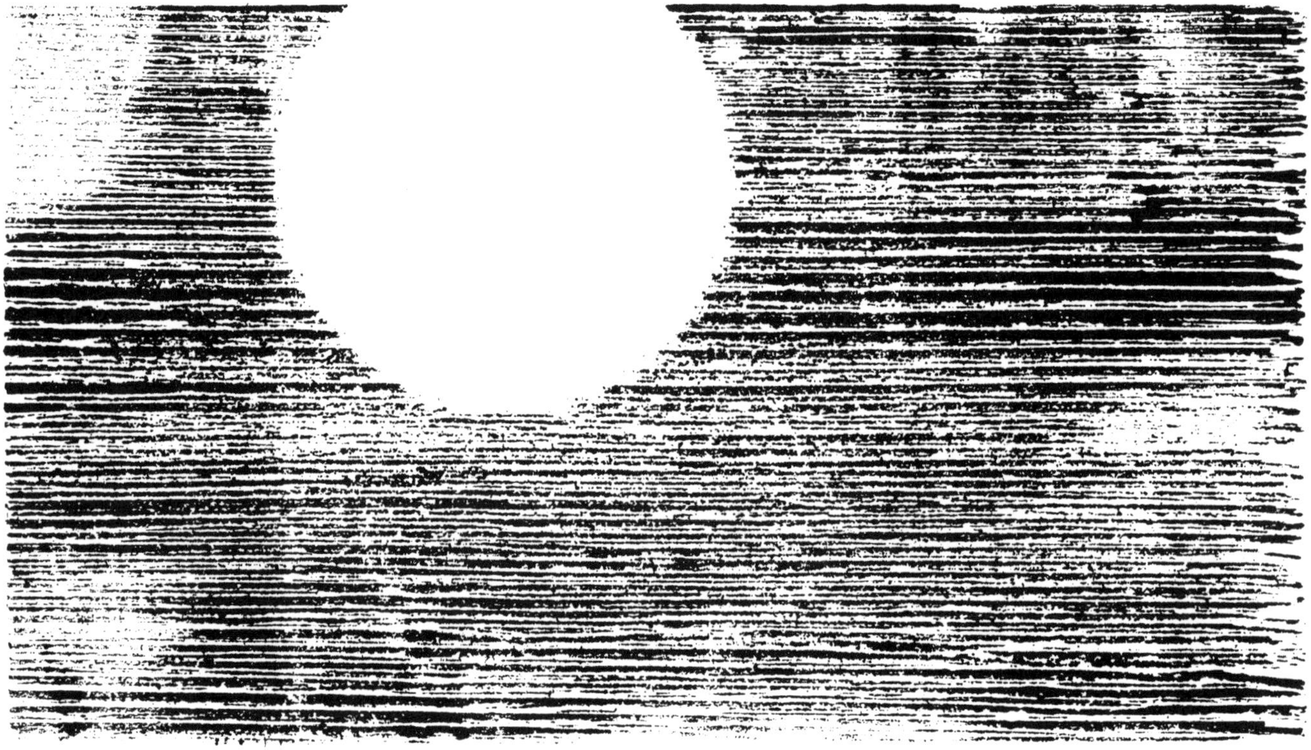

wie weit

in der wiese liegen
und in den
endlosen himmel schauen

und plötzlich wissen
wie weit
es ist bis dahin

ungefähr
halb so weit
wie zu dir

mit den jahren

mit den jahren
wissen
in welchen tunneln du gräbst
wissen
um die wasser
deiner angstmühlen

wissen
wieviel fremdheit
aus den alltagsäckern
wuchert

vorhin

vorhin
beim absichtslosen gehen
die sonnenblumen entlang
löwenzahnzerstreut
und mit den gedanken
auf zeitausgleich

da sah ich
den riß in dieser mauer
und dachte

an uns

eishöhlen

eishöhlen
zimmern
mit kalten spitzen

und uns
hineinschweigen

so nah liegt es
ein wort zu wärmen

und doch
so weit

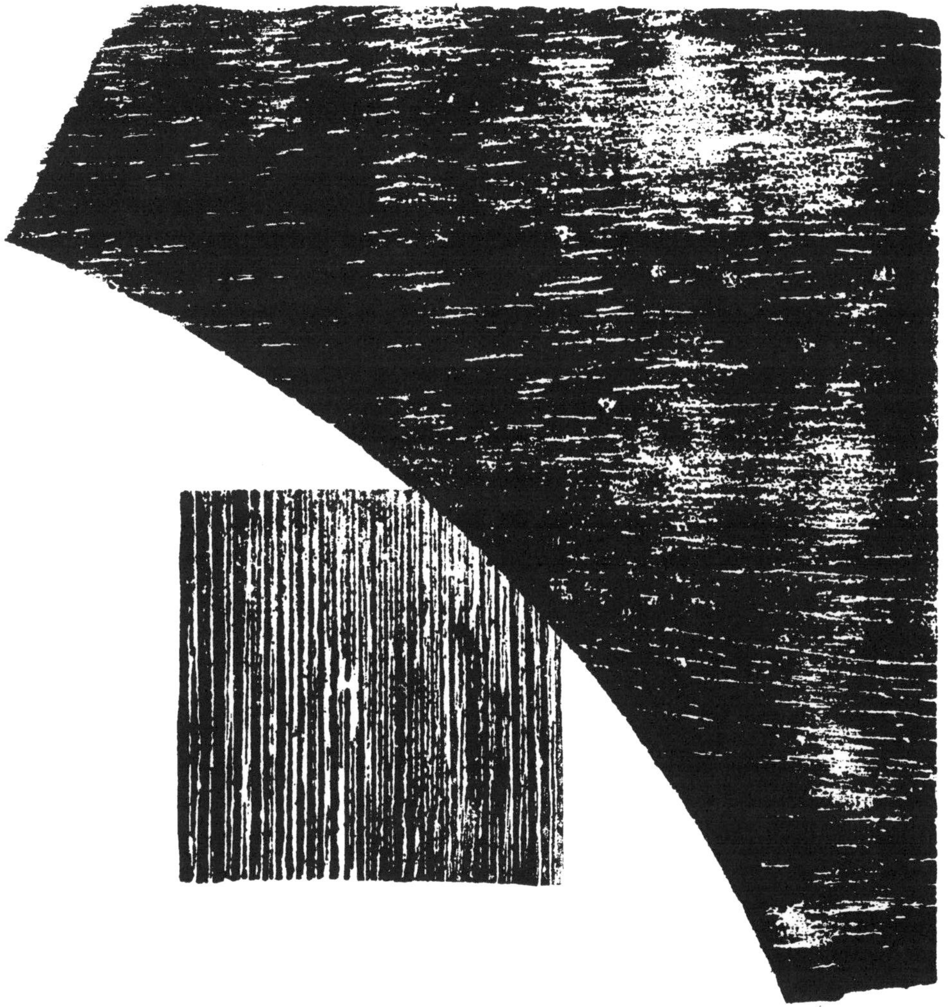

er-lösung

wir sitzen
an einem tisch
und führen ferngespräche

wir stehen
vor einem berg von problemen
und gehen schweigend darüber hinweg

da will ich schon gehen
und da lachst du –
gerade im richtigen
augenblick

versöhnung

bald
wirst du
erwachen . . .

. . . stundenlang
schon
feile ich
an meinen worten

morgens

morgens
wenn du schon
fix und fertig
aus dem bad kommst
und ich erst den kleiderschrank
öffne
dann weiß ich schon
worauf du wartest –

bring ich die frische hose
noch einmal zu oder nicht

ein ganz einfaches gedicht

ein ganz einfaches gedicht
– wie sollte uns
das gerecht werden

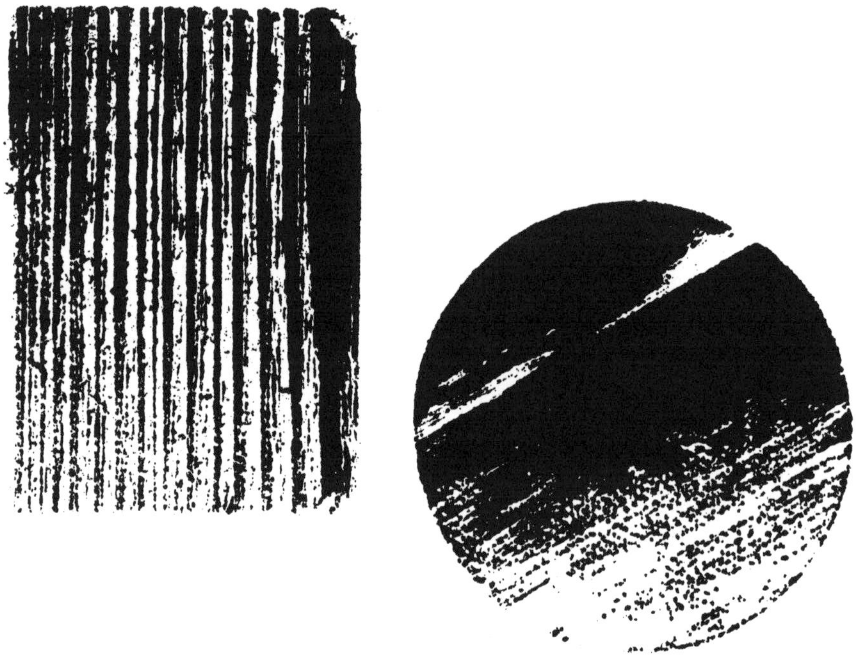

wir gehen miteinander

manchmal nach mir
und manchmal nach dir
manchmal geht's gut
manchmal schlecht
manchmal geht's drunter
manchmal drüber
manchmal geht's nicht
und manchmal geht nichts
aber wir gehen miteinander

denn laufpässe
haben wir nicht

kurzbeschreibung

acht jahre
schon
daß wir
in der liebe
aufgehen

und ab

traurigkeit

meine
schwangere traurigkeit

in deinen ohren
gebären

und

an deinem mund
sie sterben lassen

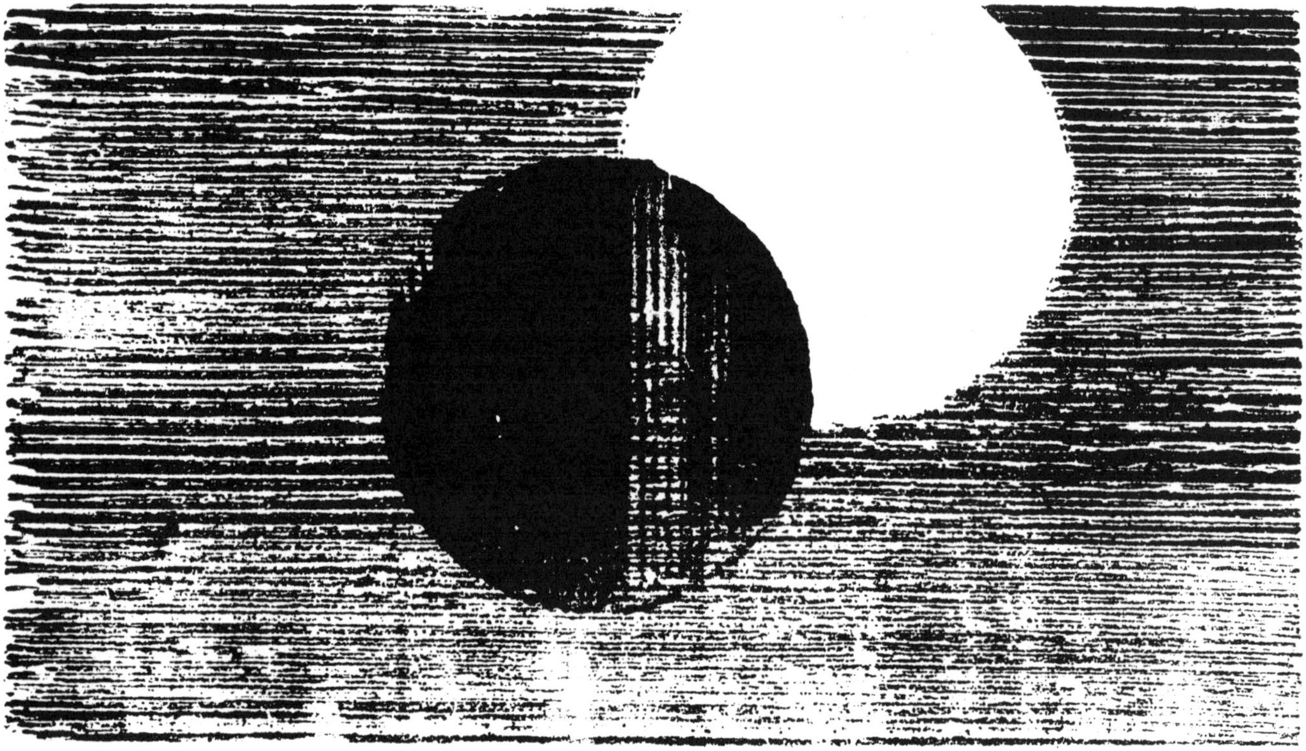

nachtblättern

wenn du
in meine hinterhöfe
tappst
und zu blättern beginnst
in meiner nacht

rede ich
manchmal
ein fenster
in eine meiner alten
mauern

und deine hand
streichelt mir
ein stück dunkelheit
vom hals

haiku

erzähl deinen herbst
irgendwo finden wir sie –
die klette hoffnung

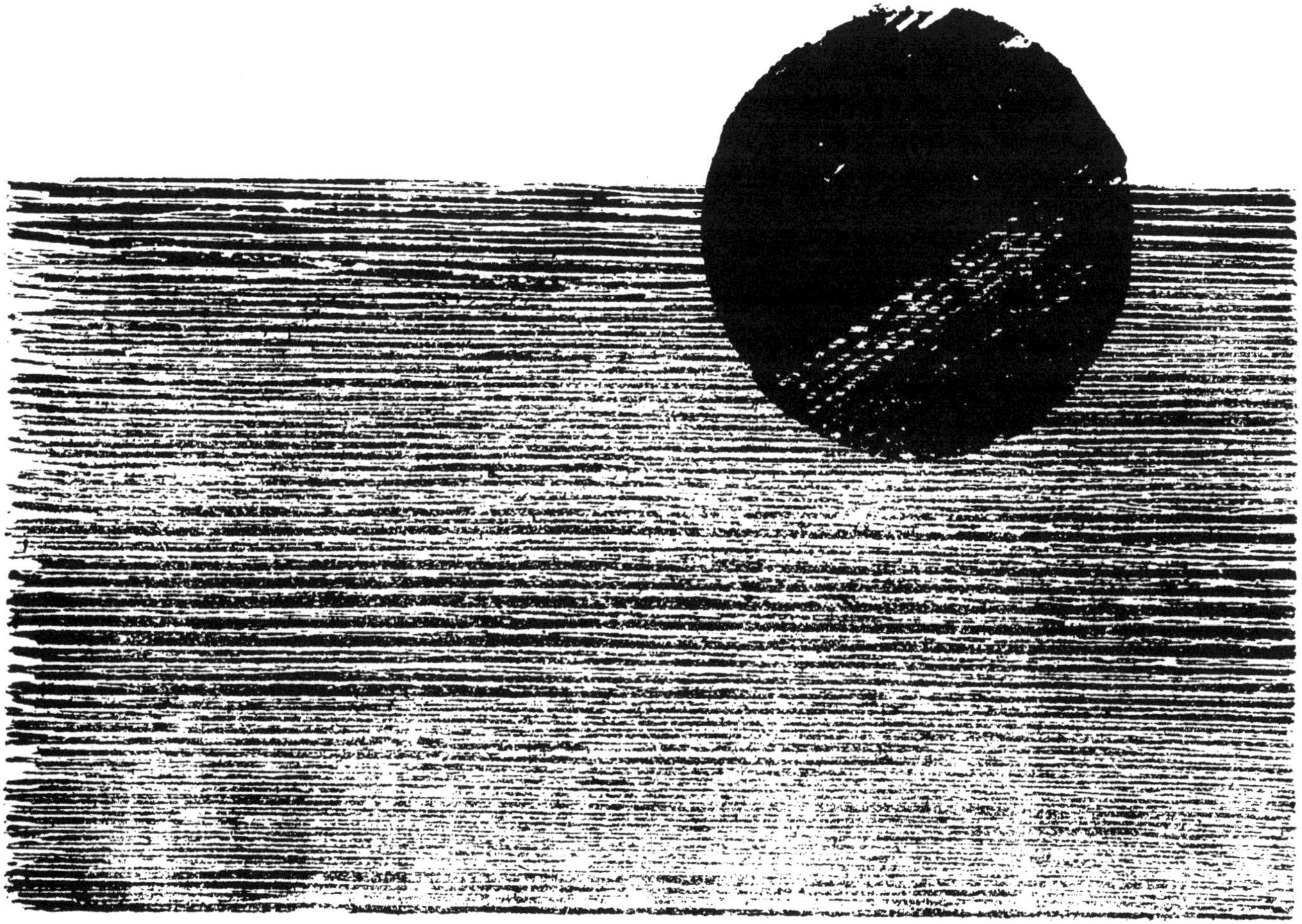

abschied

abschied –
das ist

wenn mir
dein duft
wie eine schlinge
um den hals
liegt

relativierung

ohne dich
würde ich
sterben

mit dir
aber
auch

dumm

es wäre dumm
ein herz
und eine seele
zu werden

wenn wir miteinander
doch zwei von jedem
haben können

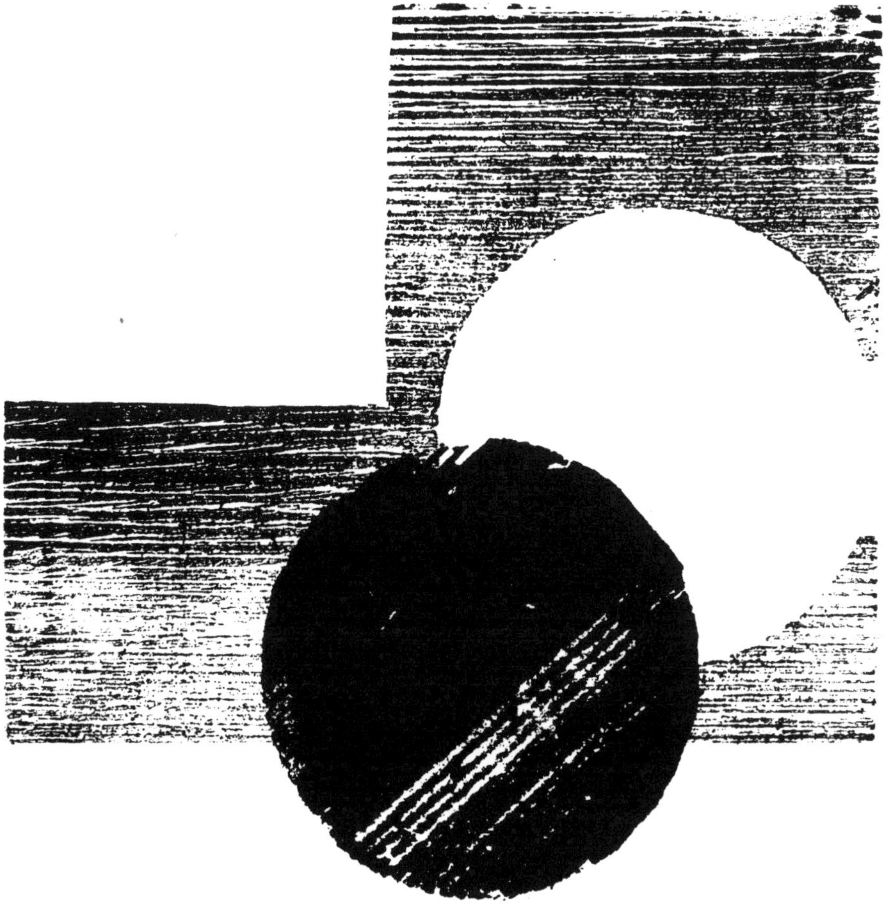

gerüche

wie flieder
und der mai
verduftet
die verliebtheit

wie socken
und fettiges wasser
wie windeln
und du
riecht die liebe

nur an dich

nichts tun
einfach
in den park gehen
nichts tun
nichts denken
nur an dich

und dann fällt mir
mein nicht abgedrehtes autolicht ein
und dringend scheißen
muß ich auch

sonnenhalm

wie das wasser die erde
und die sonne den halm
wie das haus sein fenster
und das boot seinen see
wie der ton sein lied
und der stein sein mosaik
wie die vene ihr blut
und das ufer sein meer
laß mich dich lieben

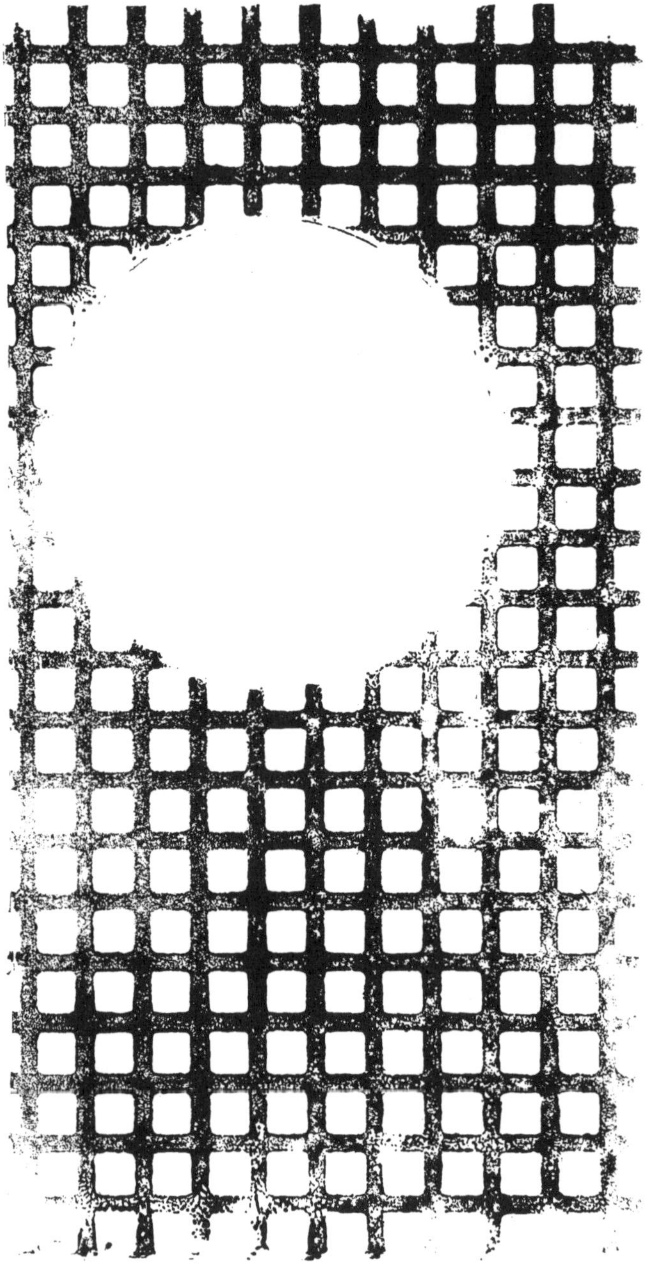

urteil

ich habe dich bemerkt
ich habe dich ent-deckt
ich habe dich
zu spüren bekommen

und ich habe
mein urteil gefällt –

lebenslänglich

du

du
pflüge mein
brachland

du
ziehe furchen
durch mein haar

du
schicke deine blicke
barfuß in mein
versteck

du
laß mich halm
dir ähre sein

liebesgedicht

waun mir zwa
stöh da des amoi vur
waun mir zwa
von zwa vaschiedane seitn
auf den bam durt
zuageh dädn
laungsaum zerscht
und vursichtig
daß ma kane bluman zaumtredn
und daun
waun ma uns von da weidn
scho gschpiad haum
imma schnölla zum renna aufaungan
so daß a im weg steh däd
waun ma in uns einefoin
herst
i glaub
daun dad a aufd seitn springa
da bam

liebesgedicht nach sieben jahren

früher
da hast du gesungen
im schlaf

aber jetzt
klingt es auch nicht mehr
anders als
schnarchen

wenn

wenn wir uns
damals nicht getroffen
hätten –
vielleicht wäre ich jetzt auch
glücklich verheiratet
wie man so sagt
hätte kinder
und noch allerhand
innerhalb des gartenzauns

aber
jetzt hier sitzen
und ein gedicht schreiben –
ich glaube nicht . . .

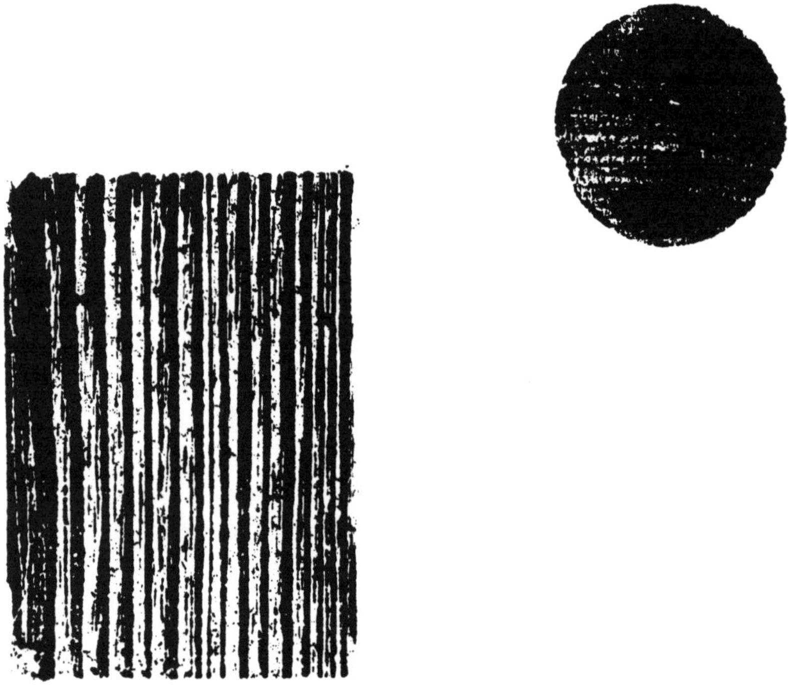

du gedicht

ich sitze am tisch
weiß das papier
schwarz die tinte
blau die zeit

und ich denke an dich
und daran warum du
mir eingefallen bist
gerade jetzt

und daran
daß du mir immer einfällst
wenn ich ein gedicht
schreiben will

du gedicht

ohne titel

wenn du
auch in fünfzehn jahren noch
zu mir hereinkommst
nur um mir
einen Kuß zu geben

genau so
wie du es jetzt getan hast

das wäre liebe

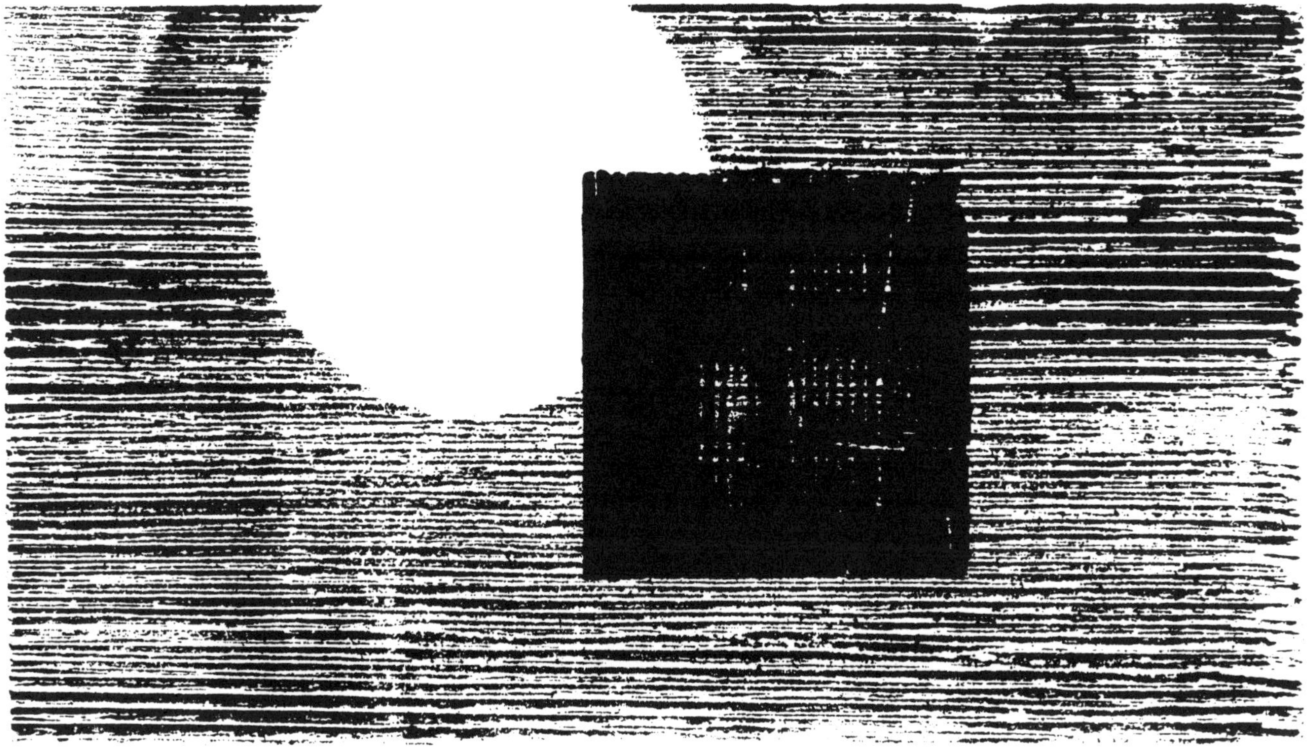

für dich

du sagst
ich solle mich
aus dem staub
machen

ich sage
ich bin schon
aus dem staub
gemacht

für dich

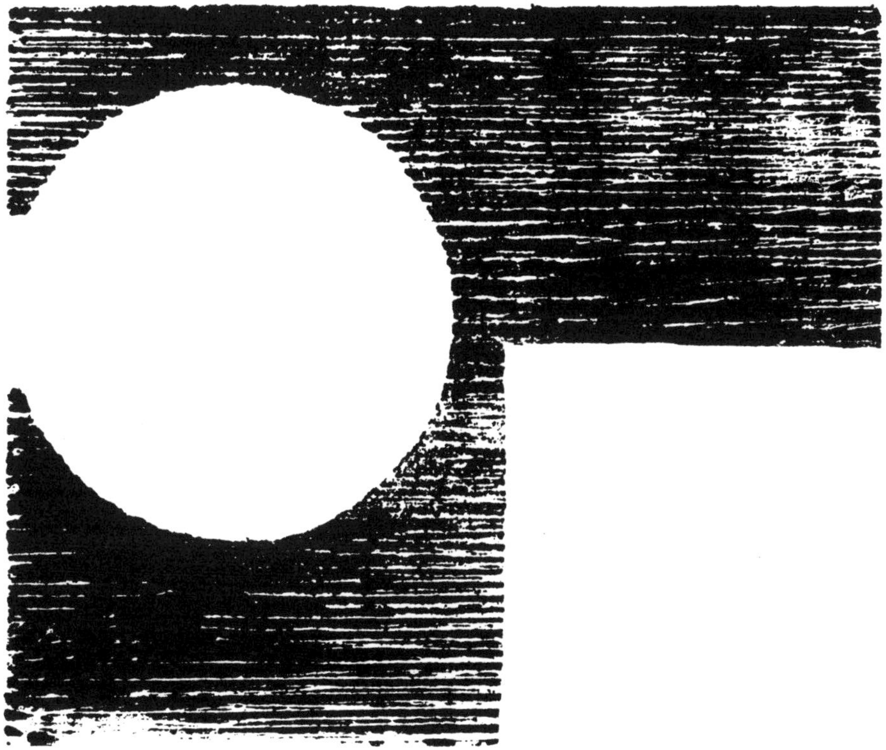

rehabilitation eines gedichtes

mir wäre ein gedicht eingefallen
heute nacht
eine art liebesgedicht für dich
ich hätte geschrieben
du wärest nirgends zu finden gewesen
beim heimkommen
in der küche nicht und im hof nicht
im ganzen dorf nicht
und dann hätte ich mich zuerst nach
mistelbach und dann bis ans ende der
welt geschickt
um dich zu suchen
und am ende
da hätte ich dich gefunden
tief in mein herz vergraben

und ich habe es nicht geschrieben
dieses gedicht
weil man doch sagen würde
welch ein furchtbarer kitsch

aber weil ich weiß
daß es dir gefällt
schreib ich es trotzdem

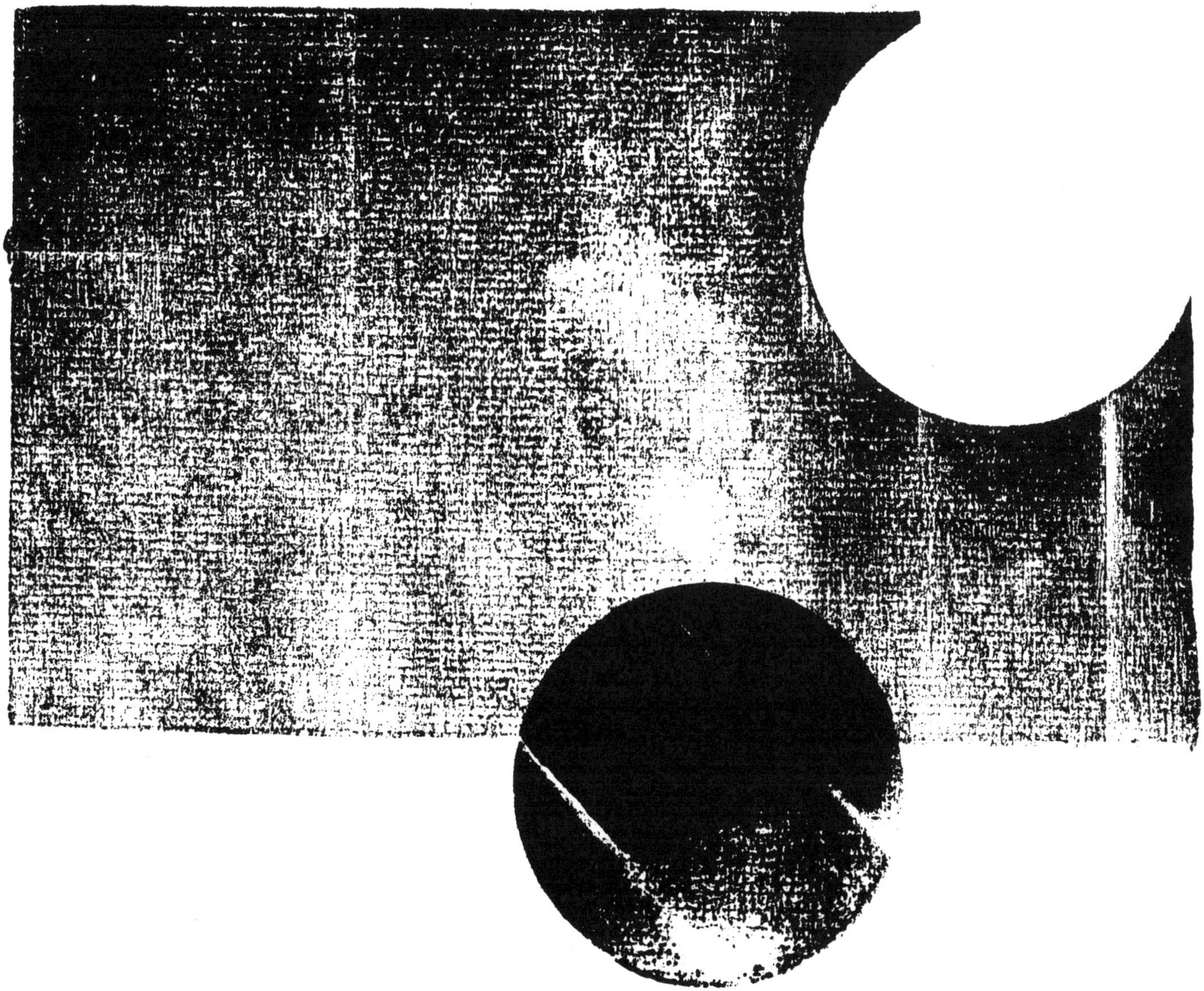

ausgefallenes liebesgedicht

das gedicht
das ich
dir
schreiben wollte
heute nacht
ist mir nicht
eingefallen

so bleibt es
eben ein
ausgefallenes
liebesgedicht

neujahrsgedicht

umzingelt
von rauchfangkehrern
kleeblättern marzipanschweinen
kaffeehäferln
und der dazugehörigen
verwandtschaft
fasse ich plötzlich
einen nüchternen
klaren gedanken –
du hast ein schwein mit mir

kennen-lernen

wir schürfen
in den äckern
der väter
und scheuchen
das weg-wort
der mütter auf

stein um stein
gedeiht
ein vertrauensmosaik

ver-lassen

mich
auf dich
verlassen können

mich ver-lassen können
mich auf dich hin
ver-lassen können

und meine
schneckenhäuser
liegen lassen
eines nach dem
anderen

spuren

spuren ziehen
auf deiner
feuchtheißkalten haut . . .

dann aber
auch nicht mehr

spurlos

verschwinden können

dann

dann
wenn du schon wartest
und ich noch warte
nehm ich meinen ring vom finger
und er rollt
an dir hinauf
bis zum hügel über deinem herz
und dort oben paßt er wieder
und dort oben soll er
liegenbleiben –
sagst du –
die ganze zeit . . .

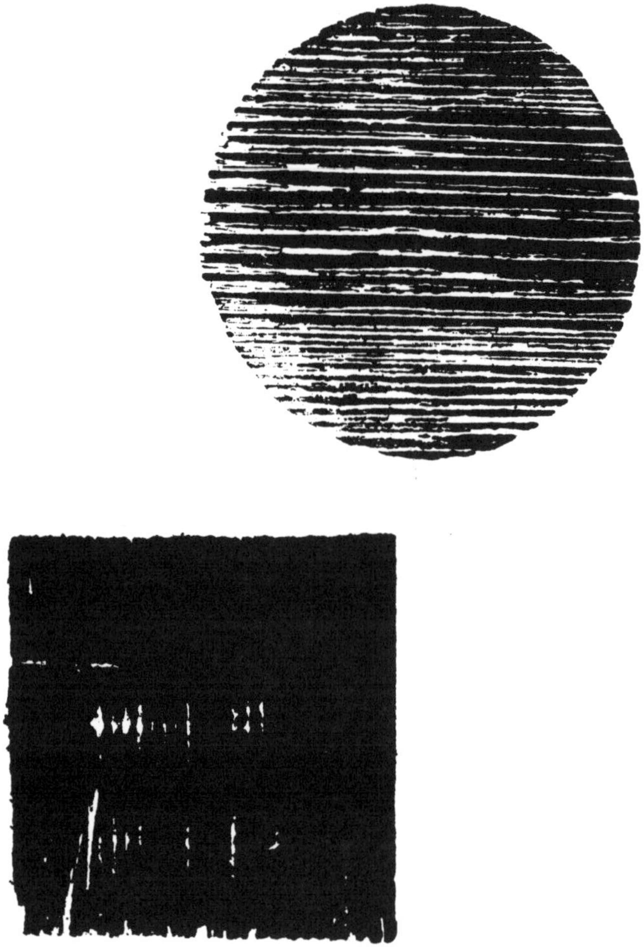

sommernacht

hand in hand
gehen wir
ins grillenkonzert

dein
erdbeben
geduldet sich noch

zarter gedanke beim zackigen morgensport

die zartheit
der spinnennetze stehlen
und das
geheime schweigen des morgens
mir die wärme des bodens merken
und das aufgescheuchte knistern
im wald

und dir
eine nacht machen daraus

eine nacht
voll zartheit und schweigen
voll wärme und knistern

nähe

die nähe
zwischen uns
braucht
keine worte mehr

ich schicke
meinen mund
auf deine hügel
spazieren

gedicht über die zärtlichkeit

eine zärtlichkeit
die nur
ein zarter wink
ins bett ist

ist eine kranke –
eine bett-lägerige
zärtlichkeit

am ende des tages

einander
nahelegen –

den rücken
massieren

und

manchmal
sonst nichts

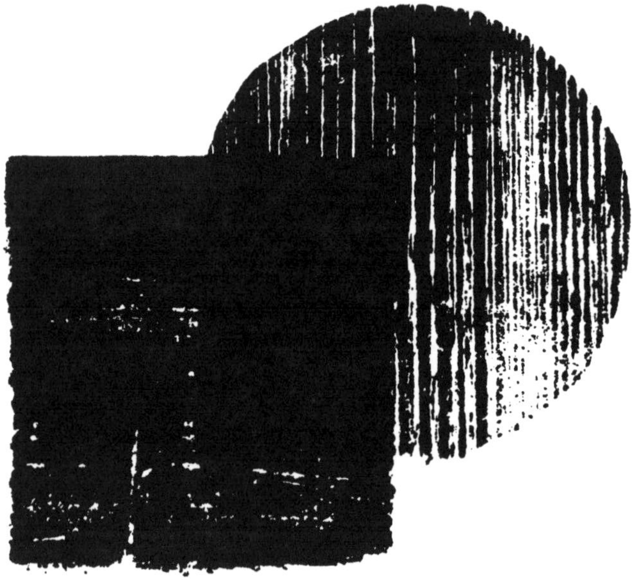

gedanken beim betrachten eines eheringes

manchmal
ringen miteinander
manchmal
ge-ring-schätzen
manchmal
um den finger wickeln

niemals aber
aneinander
ein ende
finden

kleine regelmäßige eheinventur

jedesmal
beim ausfüllen
eines amtlichen formulars
wenn ich „verheiratet" hinschreibe
frage ich mich
was steht
was steht an
was steht still
und wieso heißt das überhaupt „stand"?

ist dann alles bewegende vorbei?

heirats „vertrag"

wir wollen
nicht fremdgehen
aber auch nicht
den bekannten blassen weg
ins wieimmer
sondern der welkenden phantasie
hin und wieder
das wasser reichen

wir wollen
mit allem rechnen –
mit der leidenschaft
und auch mit dem
was leiden schafft –
beides dürfen wir
weder ein- noch aussperren

ich als mann
– ich möchte lernen
mir etwas aus dem staub zu machen
anstatt mich
aus dem staub zu machen

wir wollen
den täglichen kleinkrieg
kleinkriegen –
mit viel geduld
aber noch viel öfter
mit der ungeduld
zur offenen klärenden
auseinandersetzung

wir wollen
einander nicht nachtragen
was tragbar ist
und nicht liegenlassen
was untragbar ist
nicht links
und schon gar nicht in der luft

wir wollen
vorstellungen
die märchenhaft sind
hintanstellen –
vor allem
tischlein deck dich
und märchenprinzerwartungen
warten nur darauf
dem glück ein bein zu stellen

wir wollen
nicht die nerven verlieren
vor allem nicht die
aus denen die empfindsamkeit gebaut ist
und wenn wir einander
schon auf die nerven gehen
dann tun wir's am besten
mit den fingerspitzen
und dort unten
wo es so guttut

wir wollen
forschend und vertraut
in die vergangenheit tasten
wenn wir uns
an uns vergangen haben
– indem wir wissen
woher wir kommen
ahnen wir auch
wie manches soweit hat kommen können

wir wollen
der zärtlichkeit
ein frühling sein
und sie mitnehmen in jeden neuen tag
sie soll nicht faul liegenbleiben
im bett
sondern unentwegt heimweh haben
nach unseren blicken
unserer sprache
und unseren zwischenräumen

wir wollen
mit unserer ent-scheidung
eine scheidung ausschließen
auch wenn das vermessen klingt
und stauden
voll zorn und trauer
unseren weg bewachsen werden

wir wollen
einander ein sakrament sein
und das bedeutet mehr
als einmal vor dem traualtar
und dann einmal
vor dem traueraltar zu stehen
das meint vor allem
die sakramente des alltags –
das sakrament des
gute nacht sagens
und es wirklich so meinen
und das sakrament der frittatensuppe
die du mir manchmal
extra machst

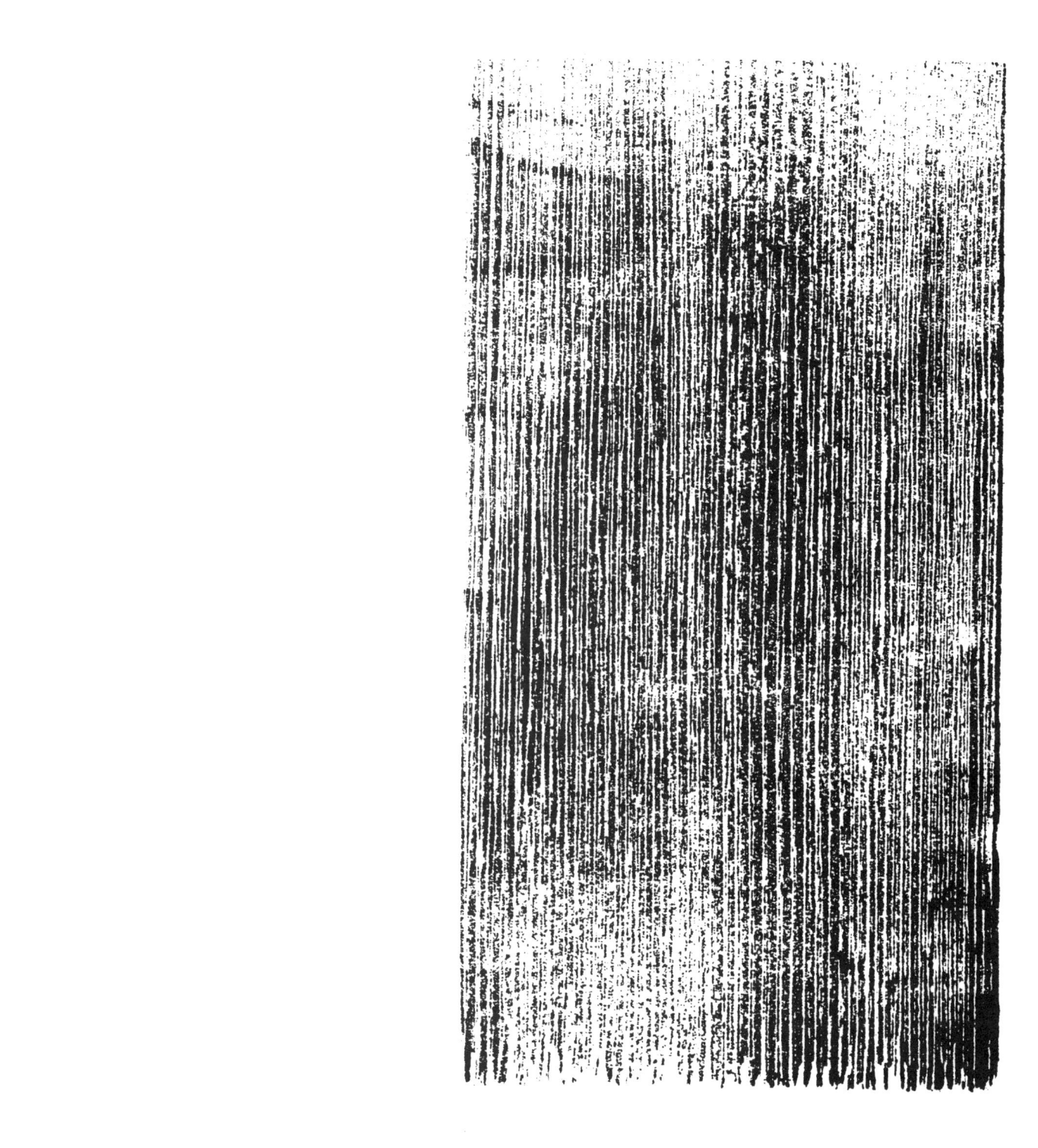

ein abc der ehe

a   wie alt werden
    weil uns die beziehung
    auch dann noch tragen soll
    wenn sie der alltag dehnt
    und sie nicht zu etwas werden darf
    was wir er-tragen müssen

b   wie beginn
    weil mit der ehe-schließung
    nichts zu ende sein soll
    auch die freiheit nicht
    und nicht die neugier
    unsere seelen
    miteinander zu verflechten

c   wie chance
    weil jeder tag eine chance ist
    daß wir uns der liebe borgen
    und ihre schatten verbluten

d   wie danke
    ich müßte es
    auf die zunge legen
    wie in ein beet

e   wie einsamkeit
    weil sie auch in der zweisamkeit
    noch spürbar wird
    und sich immer wieder unversehens
    zwischen uns schmiegt

f   wie fest
weil wir uns aneinander
festgemacht haben
wie gott das licht an den tag

g   wie gern haben
einfach weil ich dich gern habe
weil du mich gern hast
aber auch
weil du mich manchmal
gern haben kannst

h   wie himmel
der vor uns auf dem tisch liegt
und so oft weggewischt wird
mit unbedachtem wort

i   wie ich
weil ich ein teil von uns bin
aber nicht eine hälfte
weder die bessere
noch die schlechtere
– weil ich auch allein sein kann
und manchmal allein sein will

j   wie ja
die jahre werden schlange stehen
an diesem wort
mit hammer und meißel
und sie werden es
nicht blutig schlagen können

k   wie kieselsteine
du schreibst
unser zeichen in sie hinein
und mir ist
als würden sie mich bewirten
mit deiner zärtlichkeit

l   wie liebe
weil diese nicht kurz-weilig sein soll
wie die verliebtheit
weil sie lang-weilig sein soll
und nur der tod ihr wassergräben gräbt

m   wie mut
weil es mir mut macht
wenn wir uns unperfekt
und kleinartig sehen
– ich kann dir dann
meine schwachheit hinhalten
wie ein gedicht

n   wie nein
weil es manchmal gesagt werden muß
nicht um dir wehzutun
sondern um mir nicht wehzutun

o   wie offenheit
einmal gekreuzigt vom schweigen
einmal bewimpert mit blei
dann wieder mäht sie gedanken
wie der sommer das feld

p   wie passiv sein
    weil ich mich dagegen
    so wenig wehre
    weil ich wieder einfälle haben möchte
    für die schlummernde glut

q   wie quelle
    weil es quellen
    für mißverständnisse gibt
    die in den bildern lauern
    die wir uns bis jetzt voneinander
    gemacht haben

r   wie rechnung
    weil alle streicheleinheiten zusammen
    nie mehr ergeben
    als eine streichelzweiheit

s   wie selbstwert
    weil es eine lüge wäre
    zu sagen
    ich liebe dich
    solange ich das
    ich liebe mich
    nicht gesagt habe

t   wie tiefzeit
    weil tiefzeiten sicher kommen
    und dann länger dauern
    als die eine hoch-zeit
    und weil wir davon
    nicht überrascht sein sollten

u   wie uneins sein
weil ich nicht
eins werden will mit dir
weil ich dir lieber manchmal abgehe
als in dir völlig aufzugehen

v   wie vielfalt
weil es kein ziel sein kann
miteinander ein-fältig zu werden
weil jeder eigene bereiche braucht
zur gemeinsamen be-reich-erung

w   wie wärme
die jung ist und wach
und zumindest immer
in deinen augen wohnt

x   und y für das
was uns bis in jede zelle
in mann und frau unterscheidet
uns beim auf- und abwaschen
aber nicht scheiden soll

z   wie zukunft
die herbste und winter zwischen uns
nicht überspringen wird
die unseren weg
mit unvergeßlichkelten pflastert
auch wenn wir uns
in der vergangenheit
schon manchmal an ihr vergangen haben

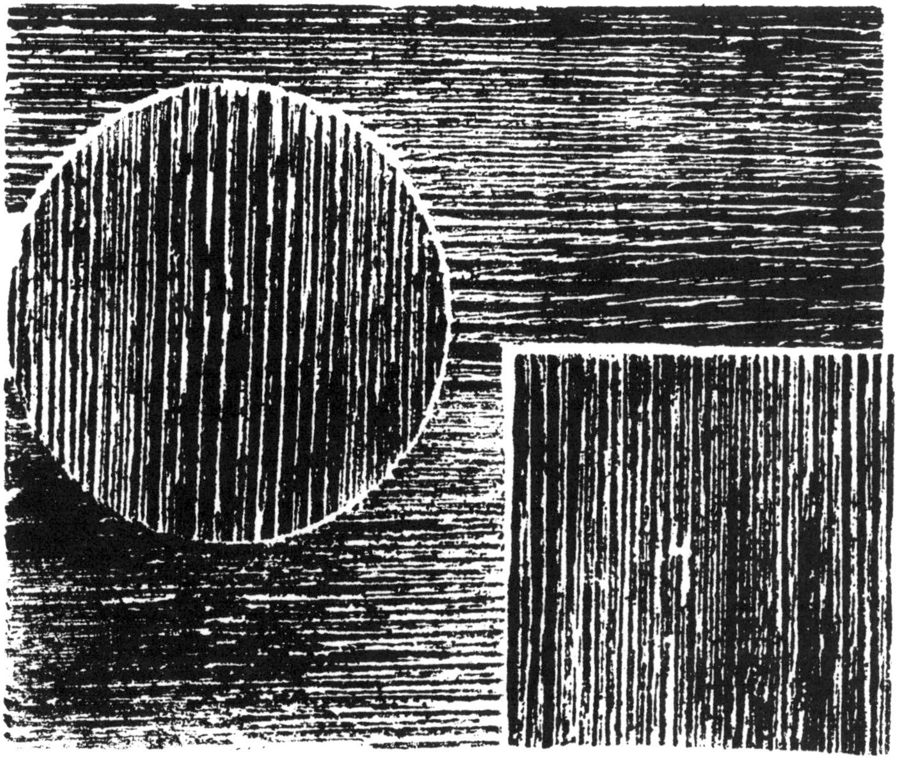

credo

ich glaube an die familie
und daran
daß sie eine der tollsten ideen gottes ist
ich glaube
daß sie mehr ist als ein zweckverband
eine eß- und schlafstelle
oder der platz
wo der videorecorder steht
ich glaube
daß wir alle erst mühsam lernen müssen
dieses wort zu buchstabieren –
das „f" könnte für fürsorge stehen
und das „a" für angenommen sein
das „m" könnte menschwerdung heißen
und das „i" steht für immer
das „l" heißt lebensversicherung
die man füreinander eingeht und die
unbezahlbar ist
das „e" schließlich steht für erneuerung
denn allzu leicht schlägt der alltag seine zelte auf
in den wüsten der gewohnheit
ich glaube
daß die familie eine schule der zärtlichkeit ist
eine schule des teilens und des mitteilens
eine schule ohne noten und strafe
und eine schule

in der jeder von jedem lernen kann
ich glaube an die familie
die nicht versucht
eine heile welt vorzuspielen
sondern die es ernst meint mit der weitergabe
aller jener dinge
die heilig sind –
die also heilen können
wie die geborgenheit und das vertrauen
und die festigen können
mit dem gemeinsamen feiern von festen
ich glaube an die familie
die der erste platz ist
wo man gott auf die spur
und den menschen auf die schliche kommt
die ein platz ist
wo man den hauskrach vergißt
weil die frohbotschaft hand und fuß bekommt
und die ein ort ist
der es begreiflich macht
warum wir immer vom heiligen geist und von gott
als vater reden
ich glaube an die kleinfamilie
solange das auskommen miteinander größer
geschrieben wird als das einkommen
und solange die liebe großgeschrieben wird
denn dann wird der reich-tum gottes wirklichkeit –
jetzt und unvollkommen in der eigenen familie
dann und vollkommen in der großfamilie gottes

späte erkenntnis

ich liebe dich –
haben wir gesagt

viel zu früh
und viel zu schnell

aber
die zeit
hat uns eingeholt